ROLF ZUCKOWSKI
VOGELHOCHZEIT

4 5 6 7   94 93 92 91

© 1988 by Ravensburger Buchverlag Otto Maier GmbH
Umschlag und Gesamtgestaltung: Gisela Könemund
Redaktion und Konzeption: Gisela Walter
Idee nach einer Bilderfolge von Peter Meetz
© der Lieder: Musik für Dich
Musikverlag (Sikorski), Hamburg
Printed in Germany

ISBN 3-473-41069-1

Rolf Zuckowski

Vogelhochzeit

Singen, Spielen, Verkleiden, Tanzen

Illustrationen von Gisela Könemund
Fotos von Matthias Heitmann

Otto Maier Ravensburg

Inhalt

Die Lieder:

Spielen, Verkleiden, Tanzen:

Vorwort

„Ein Vogel wollte Hochzeit machen…"
so singen Kinder und Erwachsene seit
Generationen. Aber was passiert eigent-
lich vor und nach so einer Vogelhochzeit? Wie findet sich ein Vogelpaar, und
was erwartet es nach der Hochzeit? Die
Lieder und Spielideen dieses Buches
geben musikalische Antworten auf diese
Fragen. Es ist eine richtige Geschichte
zum Singen und Spielen rund um das
Vogelpaar, aus dem eine Vogelfamilie
wird.
Die schlichten, einprägsamen Melodien
machen es auch den ganz Kleinen
leicht, sich in diese Handlung hineinzu-
fügen. Es macht einfach Spaß, auch ein
Vogel zu werden und zu spüren, wie
schön es ist, jemanden zu haben, mit
dem man singen und tanzen, ein Nest
bauen, kuscheln und fliegen kann.
Ob im spontanen Rollenspiel oder in
einer einstudierten Aufführung, die

Kinder können in eine Rolle schlüpfen,
die es ihnen erlaubt, ganz sie selbst zu
bleiben und doch auch mal ein anderer
zu sein. Es muß auch nicht immer die
Amsel oder die Drossel sein, die Hochzeit feiern. Es kann auch eine Schwalbe,
ein Adler, ein Spatz oder sogar ein
Pinguin sein.
Da die Vogelfamilie ein Nest braucht und
einen Baum zum Ausruhen, gibt es viele
Möglichkeiten zum Basteln, Malen und
Schneidern, denn ein Vogelkostüm gibt
dem Spiel einen besonderen Pfiff.
Alle, die einmal begonnen haben, sich in
diese Vogelhochzeit hineinzudenken,
werden bald spüren, wie der Frühling
unmerklich ins Zimmer kommt und in
den Mitspielern die Lebensgeister weckt.
Viel Spaß!

Dieses Buch entstand nach einer Idee von Peter Meetz, dessen Bilder mich zu einer Liederfolge angeregt haben. Die vielen frei gestalteten Aufführungen unserer Vogelhochzeit, die es seit der Veröffentlichung der Lieder gab, haben uns ermutigt, die Erfahrungen in diesem Buch zusammenzufassen.

Sie wurden durch weitere Ideen ergänzt und mit den Illustrationen von Gisela Könemund sowie Fotos von Matthias Heitmann und dem Rat von Gisela Walter zu einem Mitmach-Spaß für alle kleinen und großen Musik- und Vogelfreunde.

Hamburg, August 1987

Rolf Zuckowski

E

in Vogelmännchen,
das lange allein umhergeflogen war,
saß auf einem Baum, um sich auszuruhen.
Es hatte sich schon oft vorgestellt,
wie schön es wäre, nicht immer so allein zu sein,
und weil es von seinen Eltern wußte,
daß Vogelweibchen von schönem Gesang
angelockt werden, sang es so laut und schön,
wie es nur konnte.
Stunde um Stunde verging,
aber das Vogelmännchen sang vergebens.

Ein Vogel wollte Hochzeit machen

Ein Vo-gel woll-te Hoch-zeit ma-chen, kennt ihr die Ge – schich – te?

Chor: Fi - de – ra - la - la, fi - de - ra - la - la, fi - de - ra - la - la - la - la.

Ein Vogel wollte Hochzeit machen,
kennt ihr die Geschichte?
Fidirallalla...
Dann singt doch mit und hört euch an,
wovon ich nun berichte!
Fidirallalla...
Ob groß, ob klein, auf dieser Welt
ist niemand gern alleine.
Fidirallalla...
Was macht ein Vogel, der allein ist,
wißt ihr, was ich meine?
Fidirallalla...
Er sucht sich einen schönen Platz im Baum
und singt die schönsten Lieder.
Fidirallalla...
Und wenn er Glück hat, setzt sich bald
ein Weibchen zu ihm nieder.
Fidirallalla...

D

och plötzlich erblickte es
hoch über sich einen hübschen Vogel,
der ganz wie ein Weibchen aussah.
Vor lauter Freude sang das Männchen
noch fröhlicher, als es das Weibchen
direkt auf sich zufliegen sah.

Hoch in der Luft

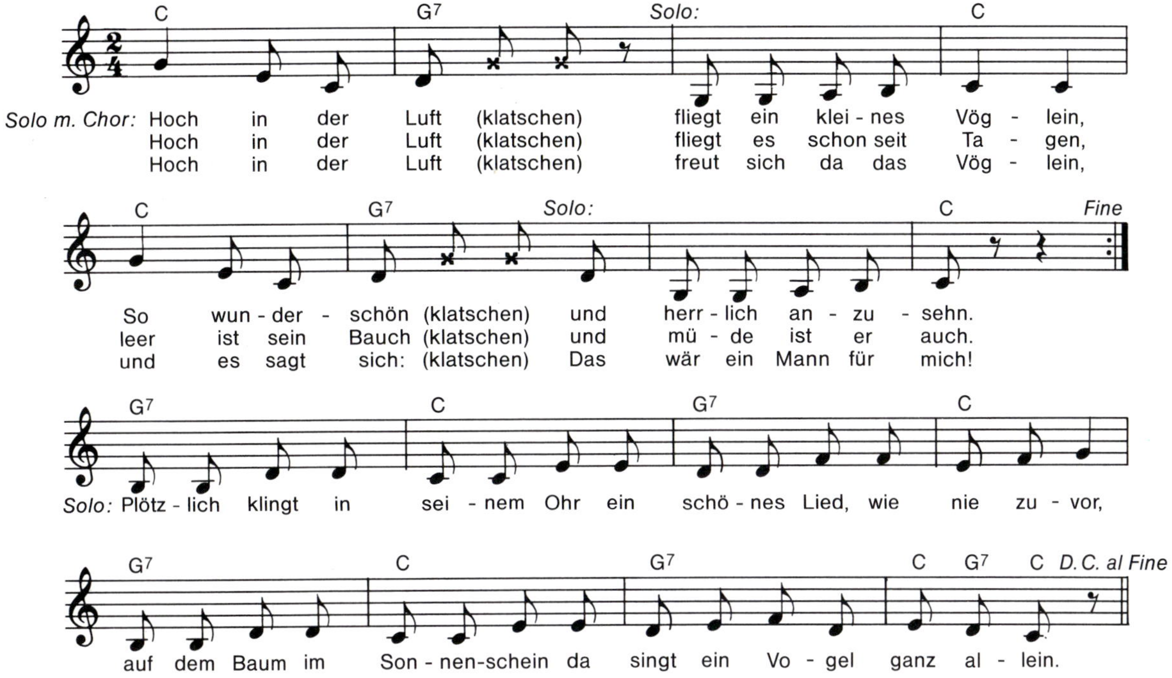

Solo m. Chor: Hoch in der Luft (klatschen) fliegt ein klei - nes Vög - lein,
Hoch in der Luft (klatschen) fliegt es schon seit Ta - gen,
Hoch in der Luft (klatschen) freut sich da das Vög - lein,

So wun - der - schön (klatschen) und herr - lich an - zu - sehn.
leer ist sein Bauch (klatschen) und mü - de ist er auch.
und es sagt sich: (klatschen) Das wär ein Mann für mich!

Solo: Plötz - lich klingt in sei - nem Ohr ein schö - nes Lied, wie nie zu - vor,

auf dem Baum im Son - nen-schein da singt ein Vo - gel ganz al - lein.

Hoch in der Luft
fliegt ein kleines Vögelein,
so wunderschön
und herrlich anzusehn.
Hoch in der Luft
fliegt es schon seit Tagen,
leer ist sein Bauch,
und müde ist es auch.

Plötzlich klingt in seinem Ohr
ein schönes Lied,
wie nie zuvor.
Auf dem Baum im Sonnenschein
da singt ein Vogel
ganz allein.
Hoch in der Luft
freut sich da das Vögelein,
und es sagt sich:
          Das wär ein Mann für mich!

A

ufgeregt flatterten
die beiden Vögel voreinander herum,
und keiner wußte so recht, was er sagen sollte.
Schließlich aber nahm sich das Weibchen ein Herz,
setzte sich neben das Männchen
und stellte viele Fragen.

Guten Tag, guten Tag, ist es schlimm, wenn ich frag,
ob der Platz neben dir für mich frei ist?
Guten Tag..., ist es schlimm, wenn ich sag:
Setz dich hin, weil doch gar nichts dabei ist!
Guten Tag..., ist es schlimm, wenn ich frag,
ob dein Lied nur für mich ganz allein war?
Guten Tag..., ist es schlimm, wenn ich sag:
Nur für dich war mein Lied, auch wenn's klein war.

Guten Tag, guten Tag

Gu - ten Tag, gu - ten Tag, ist es schlimm, wenn ich frag,
Gu - ten Tag, gu - ten Tag, ist es schlimm, wenn ich frag,

ob der Platz ne - ben dir für mich frei ist?
ob dein Lied nur für mich ganz al - lein war?

Er: Gu - ten Tag, gu - ten Tag, ist es schlimm, wenn ich sag:
Er: Gu - ten Tag, gu - ten Tag, ist es schlimm, wenn ich sag:

Setz dich hin, weil doch gar nichts da - bei ist!
Nur für dich war mein Lied, auch wenn's klein war.

Er u. Sie:

So ein Baum, der ist 'ne Wucht! Wenn man sich ein Plätz - chen sucht,

1. F *Chor:* **2. F**

und noch viel schö - ner kann es sein auf ein-nem Baum zu zwein. Ja, so ein zwein.

So ein Baum,
der ist 'ne Wucht,
wenn man sich
ein Plätzchen sucht,
und noch viel
schöner kann es sein
auf einem Baum
zu zwei'n.

Guten Tag..., ist es schlimm, wenn ich frag,
ob auch du in der Nacht manchmal Angst hast?
Guten Tag..., ist es schlimm, wenn ich sag:
Ich bin der, der ab heut auf dich aufpaßt.
Guten Tag..., ist es schlimm, wenn ich frag,
ob du einmal für mich noch dein Lied singst?
Guten Tag..., ist es schlimm, wenn ich sag:
Noch mehr Spaß bringt es mir, wenn du mitsingst!

D

ie beiden Vögel begannen,
fröhlich miteinander zu singen
und fühlten sich schon bald
gar nicht mehr wie Fremde.
Sie sangen und tanzten miteinander
bis in die Nacht und konnten
kein Ende finden.

Vögelein, Vögelein, tanz mit mir

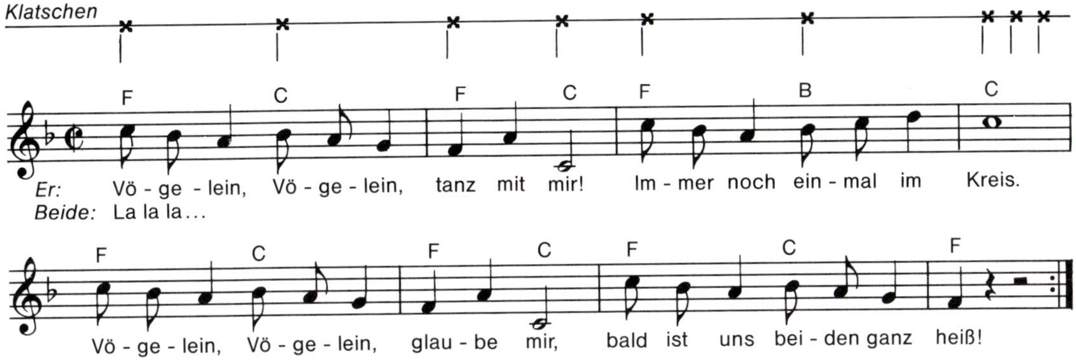

Er: Vö-ge-lein, Vö-ge-lein, tanz mit mir! Im-mer noch ein-mal im Kreis.
Beide: La la la…

Vö-ge-lein, Vö-ge-lein, glau-be mir, bald ist uns bei-den ganz heiß!

Seit gestern abend hampeln sie schon so herum.

Vögelein, Vögelein, tanz mit mir,
immer noch einmal im Kreis.
Vögelein, Vögelein, glaube mir,
bald ist uns beiden ganz heiß!
Vögelein, Vögelein, tanz mit mir,
immer noch einmal herum.
Vögelein, Vögelein, glaube mir,
irgendwann fallen wir um!
Vögelein, Vögelein, tanz mit mir,
immer noch einmal ums Licht.
Vögelein, Vögelein, glaube mir,
heute nacht schlafen wir nicht!

So kam es,
daß aus dem Vogelmännchen
und dem Vogelweibchen ein Pärchen wurde,
das alles gemeinsam machte.
Sie hatten sich sehr lieb und kamen
auf die verrücktesten Ideen. Immer wieder
rückten sie ganz eng zusammen,
küßten sich und fühlten sich
so glücklich wie noch nie.

Du und ich

G   G   D   G

1+3. Er u. Sie: Du und ich, wir zwei im Glück, sind so ver-liebt und so ver-rückt!
2. Er u. Sie: Du und ich, sind die-ses Jahr Vo-gel-ma-ma, Vo-gel-pa-pa.

G   G   D   G   *Fine*

ich und Du, wir sin-gen laut, auch wenn ein je-der nach uns schaut!
ich und Du, im Son-nen-schein, wir baun ein Nest für uns al-lein.

D   G

Du und ich, wir schaun uns an, wie Vo-gel-frau und Vo-gel-mann.

D   G

Ich und Du, noch sind wir zwei, doch wart's nur ab, bald sind wir drei!

D   G   A⁷   D   *D.C. al Fine*

Er: Hat man sich lieb, so wie wir zwei, dann legst Du bald ein klei-nes Ei, o-der zwei.

Und wenn du willst dann bringe ich den schönste Regenwurm für dich

beide Flöten

Du und ich, wir zwei im Glück,
sind so verliebt und so verrückt!
Ich und du, wir singen laut,
auch wenn ein jeder nach uns schaut!
Du und ich, wir schau'n uns an,
wie Vogelfrau und Vogelmann.
Ich und du, noch sind wir zwei,
doch wart's nur ab, bald sind wir drei!
Hat man sich lieb, so wie wir zwei,
dann legst du bald ein kleines Ei.

Du und ich sind dieses Jahr
Vogelmama, Vogelpapa.
Ich und du im Sonnenschein,
wir bau'n ein Nest für uns allein.
Und wenn du willst, dann bringe ich
den schönsten Regenwurm für dich!
Du und ich, wir zwei im Glück,
sind so verliebt und so verrückt!
Ich und du, wir singen laut,
auch wenn ein jeder nach uns schaut!

Er

2.
Ich u. du
Er
3.
Fine

Schön...

Das Vogelpärchen baute
sich auf dem Baum ein gemütliches Nest.
Es war gerade fertig, als das Weibchen
ein Ei legte, das in seinem Bauch
gewachsen war. Es setzte sich
ganz vorsichtig darauf und begann zu brüten.
Nun begann eine lange und ziemlich
langweilige Zeit, in der das Ei immer
warm gehalten werden mußte.

Immer nur brüten, brüten, brüten,
das Ei behüten, -hüten, -hüten.
Wer hält das aus?
Ich möchte hier raus!
Doch ich muß brüten, brüten, brüten,
das Ei behüten, -hüten, -hüten.
Bald kommt die Zeit,
dann ist es soweit.
Dann kann ich endlich wieder fliegen,
dann wird im Nest mein Baby liegen.
Ich werd ihm viel zu essen bringen

und ihm die schönsten Lieder singen.
La La La La, La La La La.
Bis dann muß ich brüten, brüten, brüten,
das Ei behüten, -hüten, -hüten.
Ich seh es ein,
es muß wohl so sein.
Einer muß brüten, brüten, brüten,
das Ei behüten, -hüten, -hüten.
Ist es auch dumm,
die Zeit geht schon rum.

Immer nur brüten

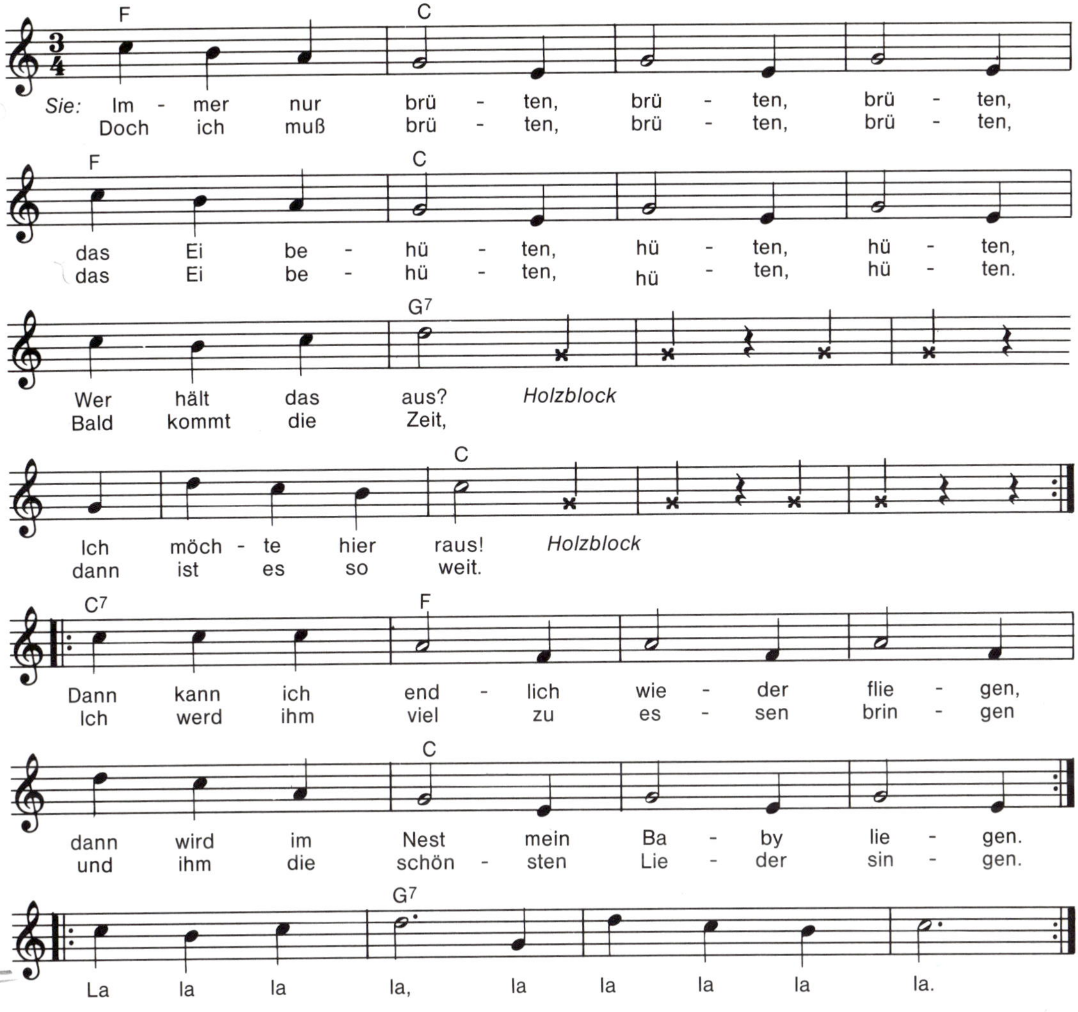

Sie:
Im - mer nur brü - ten, brü - ten, brü - ten,
Doch ich muß brü - ten, brü - ten, brü - ten,

das Ei be - hü - ten, hü - ten, hü - ten,
das Ei be - hü - ten, hü - ten, hü - ten.

Wer hält das aus? *Holzblock*
Bald kommt die Zeit,

Ich möch - te hier raus! *Holzblock*
dann ist es so weit.

Dann kann ich end - lich wie - der flie - gen,
Ich werd ihm viel zu es - sen brin - gen

dann wird im Nest mein Ba - by lie - gen.
und ihm die schön - sten Lie - der sin - gen.

La la la la, la la la la la.

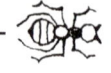

Dann endlich war es soweit.
Eines Tages hörten die beiden Vögel
ein merkwürdiges Geräusch, das aus dem Ei kam.
Zuerst war es sehr zart und leise,
dann aber wurde es allmählich lauter und kräftiger.
In dem Ei bewegte sich etwas und tickte
immer wieder gegen die Schale.

Tick, tick, tick

Holzblock

Solo: Tick tick tick,   tick tick tick. Was klopft denn da im Ei?
Es: Tick tick tick,   tick tick tick. Ich will hier end-lich raus!

Ein Vo-gel-ba-by, zart und klein, will frei sein, eins zwei drei!
Hier drin-nen ist es viel zu eng, ich halt es nicht mehr aus!

Wh. mit Chor: Im Ei, da ist es warm und schön,

doch lei-der kann man gar nichts sehn.

Tick, tick, tick –
tick, tick, tick,
was klopft denn da im Ei?
Ein Vogelbaby, zart und klein,
will frei sein, eins, zwei, drei!
Tick, tick, tick –
tick, tick, tick,
ich will hier endlich raus!
Hier drinnen ist es viel zu eng,
ich halt es nicht mehr aus!
Im Ei, da ist es warm und schön;

doch leider kann man gar nichts sehn.
Tick, tick, tick –
tick, tick, tick,
ich glaub, es ist soweit,
ich muß jetzt endlich an die Luft,
es ist doch höchste Zeit!
Tick, tick, tick –
tick, tick, tick,
ich pick das Ei entzwei,
mein Schnabel macht ein großes Loch,
und schwups, schon bin ich frei!

Die Eischale war zerbrochen.
Und vor den Eltern lag nun ihr winziges,
piependes Vogelbaby. Es sah naß
und zerzaust aus und konnte noch nichts sehen
und schon gar nicht fliegen. Es dauerte
aber nicht lange, da öffnete es seine Augen,
guckte seine Eltern an und begann,
laut und frech zu singen.

Hallo Mama! Hallo Papa!
Die Zeit ist um, und ich bin da.
Hallo Mama! Hallo Papa!
Wie geht es euch, ist alles klar?
Hallo Mama! Hallo Papa!

Was schaut ihr mich so komisch an?
Hallo Mama! Hallo Papa!
Ich bin schon bald ein großer Mann!
Die Zeit im Ei, die ist nun vorbei,
und ich sing so laut ich kann: Juchei!

Hallo Mama, hallo Papa

Es: Hal - lo Ma - ma! Hal - lo Pa - pa!
Es u. Chor: Hal - lo Ma - ma! Hal - lo Pa - pa!

Die Zeit ist um, und ich bin da.
Es: Was schaut ihr mich so ko - misch an?
Nun fang ich bald zu fliegen an

Hal - lo Ma - ma! Hal - lo Pa - pa!
Es u. Chor: Hal - lo Ma - ma! Hal - lo Pa - pa!

Wie geht es Euch, ist al - les klar?
Es: Ich bin schon bald ein gro - ßer Mann!
Ihr werdet sehn was ich schon kann

Die Zeit im Ei, die ist nun vor - bei,

und ich sing so laut ich kann: Juch - hei!

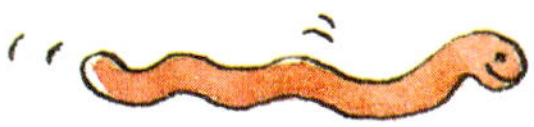

Hallo Mama! Hallo Papa!
Wie sieht das Nest gemütlich aus!
Hallo Mama! Hallo Papa!
Doch paßt gut auf, sonst fall ich raus!
Hallo Mama! Hallo Papa!

Nun fang ich bald zu fliegen an.
Hallo Mama! Hallo Papa!
Ihr werdet sehn, was ich schon kann!
Die ganze Zeit hab ich mich gefreut,
ja und endlich ist es nun soweit!

Du, ich möchte auch so 'n süßes Baby!

V

on nun an flatterte das Vogelbaby
den ganzen Tag lang im Nest herum und ließ
seinen Eltern keine ruhige Minute.
Von früh bis spät kannte es
nur einen einzigen Wunsch: Fressen.

HABA
HABBA
HAM HAM

Ein Vogelbaby wird niemals satt

Er u. Sie: Ein Vo - gel - ba - by wird nie - mals satt,

das singt und piept

weil es im - mer, im - mer, im - mer Hun - ger hat.

bis es " " " noch was gibt

Ein Vo - gel - ba - by, das macht sich ran,

gibt keine Ruh

und es macht den Schna - bel auf, ja, es macht den Schna - bel auf,

" " nur wenn es schläft nur wenn es schläft

ja, es macht den Schna - bel auf, so oft es kann.

nur wenn es schläft den Schnabel zu

Ein Vogelbaby wird niemals satt,
weil es immer, immer, immer Hunger hat.
Ein Vogelbaby, das macht sich ran,
und es macht den Schnabel auf,
ja, es macht den Schnabel auf,
ja, es macht den Schnabel auf,
so oft es kann.
Ein Vogelbaby frißt wie ein Bär
und will immer, immer,
immer noch viel mehr.
Ein Vogelbaby ist gar nicht dumm,
und es hüpft den ganzen Tag,

ja, es hüpft den ganzen Tag,
ja, es hüpft den ganzen Tag
im Nest herum.
Ein Vogelbaby, das singt und piept,
bis es immer, immer,
immer noch was gibt.
Ein Vogelbaby gibt keine Ruh,
und es macht nur, wenn es schläft,
ja, es macht nur, wenn es schläft,
ja, es macht nur, wenn es schläft
den Schnabel zu.

2

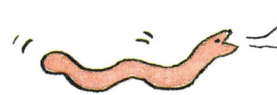

Ich suche ein ruhiges Plätzchen.

Nur wenn der Abend kam
und der kleine Vogel müde wurde,
    hatten die Vogeleltern etwas Zeit für sich selber.
Die Mama sang ein Schlaflied für ihr Vogelbaby,
und weil sie fühlte, daß es bald groß sein
    und allein davonfliegen würde,
        war sie manchmal
            ein bißchen traurig dabei.

Sieh nur die Sterne

Sie: Sieh nur, die Ster - ne, der Tag schläft schon ein,

und dei - ne Au - gen sind mü - de und klein.

Schlaf, bis der Mor - gen die Träu - me ver - weht,

schlaf, bis am Him - mel die Son - ne auf - geht.

Sieh nur,
die Sterne, der Tag schläft schon ein,
und deine Augen sind müde und klein.
Schlaf, bis der Morgen die Träume verweht,
schlaf, bis am Himmel die Sonne aufgeht.
Sieh nur, die Sterne, sie leuchten so hell.
Sieh nur, die Wolken, sie fliegen so schnell.
Hör, wie der Wind seine Lieder dir singt.
Schlafe, schlafe gut, bis der Morgen beginnt.
Sieh nur, die Sterne, so klein und so weit,
sie stehen still, doch so schnell geht die Zeit.
Bald bist du groß und kannst alles allein,
aber bis dann schläfst du hier bei mir ein.

Los, wir fliegen mit ...

V

Viele Tage und Nächte waren vorübergegangen.
Und aus dem kleinen Vogelbaby war fast schon ein großer Vogel geworden.
Er hatte das Fliegen gelernt und viele andere wichtige Dinge,
die ein Vogel wissen muß. Als der Tag kam,
an dem der junge Vogel davonfliegen wollte,
nahm das Vogelmännchen
sein Weibchen in den Arm,
und beide winkten
ihrem Kind
noch lange nach.

Immer wenn ein Vogelbaby größer wird

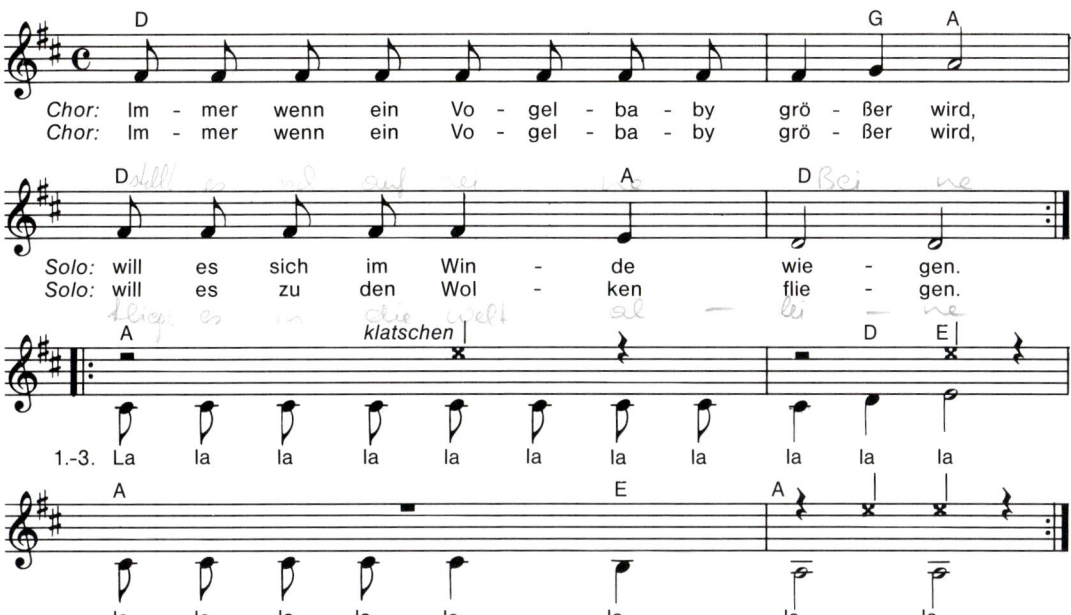

Chor: Im – mer wenn ein Vo – gel – ba – by grö – ßer wird,
Chor: Im – mer wenn ein Vo – gel – ba – by grö – ßer wird,

Solo: will es sich im Win – de wie – gen.
Solo: will es zu den Wol – ken flie – gen.

klatschen

1.–3. La la la la la la la la la la la

la la la la la la la la.

Immer wenn ein Vogelbaby größer wird,
will es zu den Wolken fliegen.
Immer wenn ein Vogelbaby größer wird,
will es sich im Winde wiegen.
La La La…
Immer wenn ein Vogelbaby größer wird,
muß es eine Menge lernen.
Immer wenn ein Vogelbaby größer wird,
träumt es von den gold'nen Sternen.
La La La…
Immer wenn ein Vogelbaby größer wird,
stellt es sich auf seine Beine.
Immer wenn ein Vogelbaby größer wird,
fliegt es in die Welt alleine.
La La La…

D

er junge Vogel flog über Wälder,
Flüsse, Berge, Städte und Felder und sah viele Dinge,
von denen seine Eltern ihm erzählt hatten.
Er erlebte warme und kalte Monate und wurde
allmählich ein erwachsener Vogel.
Aber manchmal fühlte er sich ein bißchen allein.
Als er sich eines Tages auf einem Baum ausruhte,
begann er, laut und schön zu singen.
Denn er wußte von seinen Eltern,
daß Vogelweibchen von schönem Gesang
angelockt werden.

Ein Vogel wollte Hochzeit machen

Ein Vo-gel woll-te Hoch-zeit ma-chen, das war die Ge - schich - te?

Chor: Fi-de - ra - la - la, fi - de - ra - la - la, fi - de - ra - la - la - la - la.

War nicht genau so einer auch im vorigen Jahr hier?

Ein Vogel wollte Hochzeit machen,
das war die Geschichte.
Fidirallalla...
Und fragt ihr mich, was nun geschieht,
hört zu, was ich berichte!
Fidirallalla...
Ob groß, ob klein, auf dieser Welt
ist niemand gern alleine.
Fidirallalla...
Was macht ein Vogel, der allein ist,
wißt ihr, was ich meine?
Fidirallalla...
Er sucht sich einen Platz im Baum
und singt die schönsten Lieder.
Fidirallalla...
Und wenn er Glück hat, setzt sich bald
ein Weibchen zu ihm nieder.
Fidirallalla...

Woraus sind deine Flügel?

Vögel können fliegen und hoch in der Luft mit weit ausgebreiteten Schwingen im Wind segeln. Menschen können dies nicht, aber sie träumen davon, vor allem die Kinder. Sie breiten ihre Arme aus, bewegen sie wie Flügel auf und ab, und schon sind sie ein Vogel geworden. Wieviel mehr Spaß macht es, wenn die Arme ein selbstgebasteltes Flügelkleid tragen. Dazu kann man die Flügelform aus dickem Karton ausschneiden und mit Stoffstreifen bekleben. Ein Gummiband hält die Flügel am Oberarm fest. Etwas einfacher sind die Flügel aus Stoff. Sie werden in Zickzackform geschnitten und mit einem Band um Schulter und Handgelenke gebunden.

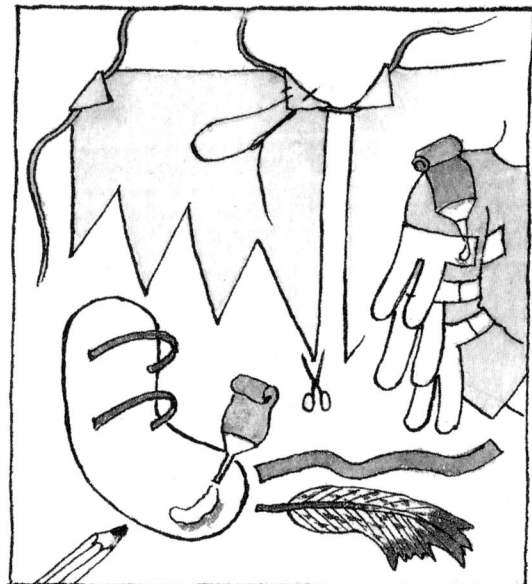

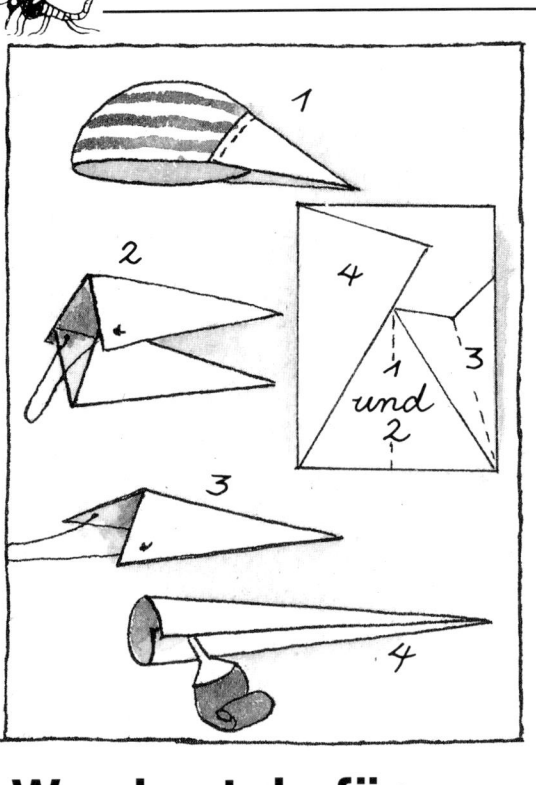

Ein Vogel braucht natürlich einen Schnabel. Ob kurz, lang, breit oder schmal – hier können sich die Vögel ihren Schnabel selbst aussuchen. Gebastelt wird mit dicker Pappe, damit der Schnabel gut hält. Er wird an einer Mütze befestigt (Modell 1) oder über die Nase gestülpt und mit einem Gummiband festgehalten (Modell 2, 3 oder 4). Aus einem Karton können vier verschiedene Schnabelformen gebastelt werden. Und wie wäre es mit einem passenden bunten Kopfschmuck?

Was hast du für einen Schnabel?

Ein Schnabel aus Pappe? – Niemals!

Wie sehen deine Beine aus?

Vögel hüpfen, watscheln, laufen oder stehen sogar auf einem Bein. Es macht Spaß, einen typischen Vogelgang nachzuahmen. Mehr darüber steht auf den Seiten 72 und 73.

Lustig sieht es aus, wenn sich die Kinder richtige Vogelbeine basteln. Man kann Federn, Bänder oder Stoffstreifen an das Hosenbein nähen oder mit Sicherheitsnadeln feststecken. Und wie wäre es mit Sporen aus Karton? Wichtig ist nur, daß die Vogelbeine einen flotten Tanz aushalten.

Zeig mir mal deinen Bauch

Ein Vogelkostüm kann so aussehen:
Man heftet an die Schultern eines
großen T-Shirts Stoffstreifen als Federn
an. Der untere Rand des T-Shirts wird
umgesäumt und mit einem Band zusam-
mengezogen. So entsteht ein runder
Vogelbauch. Man kann sich aber auch
ein Kostüm schneidern und näht dann
die Federn an die Schultern eines
darunter angezogenen Pullis an. Wer
will, kann zusätzlich bunte Watte-
bällchen auf das Kostüm kleben. Das
einfachste „Federkleid" ist ein Gürtel,
der mit bunten Stoffstreifen beklebt ist.

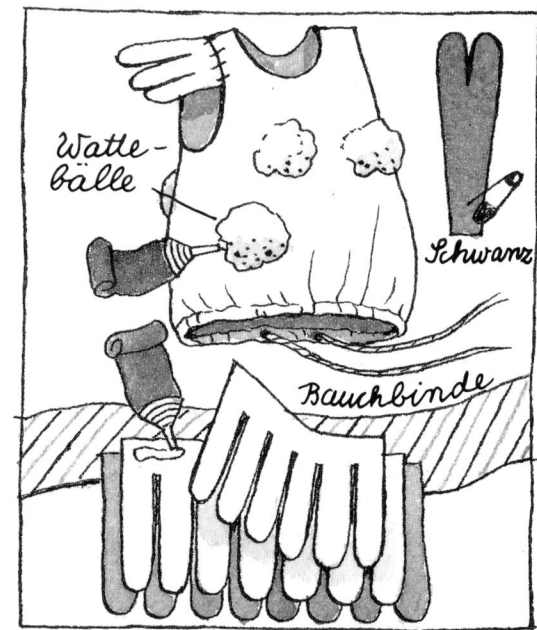

Komm rein ins Vogelnest

Wer zu Hause einen Lieblingsplatz hat, der weiß auch, daß es auf der Welt nichts Schöneres gibt, als sich so richtig gemütlich in Decken, Kissen, Tücher und andere weiche Sachen hineinzukuscheln.

Auch unser Vogelpärchen braucht so einen Platz, ein Kuschelnest, in dem sich vor allem das Vogelbaby geborgen fühlen kann. Alles, was weich ist, kann zum Nestbau verwendet werden: Wolldecken, Kopfkissen, alte Kleider und sogar Heu. Das Nest soll nicht nur kuschelig sein, es muß auch einiges aushalten können. Denn das Vogelbaby darf nicht aus dem Nest fallen, wenn es gefüttert wird oder fliegen übt.

Als Unterbau für das Nest eignet sich ein großer Korb oder eine Kinderbadewanne. Man kann auch den Schlauch eines großen Autoreifens nehmen oder einen großen Pappkarton.

Im kuscheln bin ich Meister.

Es geht aber auch ganz anders:
Fünf oder mehr Kinder rücken eng zu
einem Kreis zusammen und knien auf
den Boden. So bilden sie selbst das
Vogelnest und können das Vogelbaby
aus nächster Nähe betrachten. Spielen
viele Kinder mit, baut man einfach
mehrere Nester.

Kinderbadewanne
mit Stoff, Papierfetzen,
Heu oder Zweigen
bekleben.

Karton mit Knüll-
papier bekleben und
anmalen.

Wer hat wohl dieses Ei gelegt?

Die Sache mit dem Ei ist der spannendste und lustigste Teil der Geschichte von der Vogelhochzeit. Darum ist es wichtig, sich diese Spielszene genau zu überlegen. Wie soll das Ei ausgebrütet werden? Wie soll das Vogelbaby ausschlüpfen? Am einfachsten ist es, wenn das Kind, das das Vogelbaby spielen wird, auf den Boden kniet, die Hände eng über dem Kopf verschränkt, Kopf und Arme dicht am Boden und den Rücken rund wie ein Ei.

Das Vogelbaby kann auch mit einem weißen Leintuch verdeckt werden. Die überlappenden Zipfel sollten dann rundum an den Körper geschoben werden. Jetzt sieht es wie ein großes, weißes Vogelei aus.

Wenn sich dann die Vogelmama oder der Vogelpapa zum Brüten auf das Ei setzen, muß das sehr vorsichtig und behutsam geschehen, damit das Vogelbaby im Ei nicht erdrückt wird.

Ist die Zeit zum Schlüpfen gekommen, kann der kleine Vogel von innen an die Eischale, das Leintuch, ticken und schließlich unter der Eischale hervorschlüpfen.

Auch eine größere Kindergruppe kann diese Szene spielen: Dann gibt es eben viele Vogelnester, Vogelbabys und brütende Vogeleltern.

Karton mit Knüllpapier und weißem Krepp-papier bekleben.

Ein großes Vogelei, das auch die Zuschauer bei einer Aufführung gut sehen können, bastelt man so:
Ein dicker Draht oder eine Weidenrute wird eiförmig gebogen und zusammengebunden. Dieser Rahmen wird mit dünnem, weißem Papier bespannt. Hinter diesem Papierei versteckt sich dann das Vogelbaby und wartet darauf, daß es bei dem Lied „Tick, tick, tick" heißt: „. . . und schwups, schon bin ich frei." Jetzt springt das Vogelbaby durch das Papier. Das macht einen Riesenspaß!

Man kann das Ei aber auch aus einem großen Karton basteln. Die Ecken des Kartons werden etwas eingedrückt und die Seitenwände ausgebeult. Oder man beklebt die Wände mit zerknülltem Papier, so daß eine Eiform entsteht. Eine Seite muß man offenlassen, damit das Vogelbaby ausschlüpfen kann.

Holz - oder Plastik-
reifen
mit Papier
bespannen.
(Evtl. Bögen
vorher
zusammen-
kleben.

Ach,
du
dickes
Ei...

Das hab ich zum Fressen gern

Ist das Vogelbaby erst aus dem Ei geschlüpft, dann ist es vorbei mit der Ruhe im Vogelnest. Alle Vogelkinder entwickeln nämlich einen unermeßlichen Appetit und halten ihre Eltern den ganzen Tag auf Trab.

Man muß sich schon einiges einfallen lassen, um einen hungrigen Schnabel zu stopfen: Würmer kann man aus Wolle oder Garn häkeln, aus Stoffresten nähen oder aus Knete, Plastik oder Gummi herstellen.

Wenn das Vogelbaby aber sehr großen Hunger hat, dann sollten es die Vogeleltern mal mit weichgekochten Spaghettis probieren oder mit Lakritzenstückchen oder kleinen Würstchen. Dieses Futter wird das Vogelbaby bestimmt gierig verschlingen. Auch mit Popcorn könnte es zufriedengestellt werden.

Das Lied „Ein Vogelbaby wird niemals satt" hat einen sehr flotten Rhythmus. Da kann das Vogelbaby im Nest herumhüpfen, seinen Kopf hochrecken – und die Eltern werden eifrig hin und her flattern, ihr Baby füttern und nicht zur Ruhe kommen.

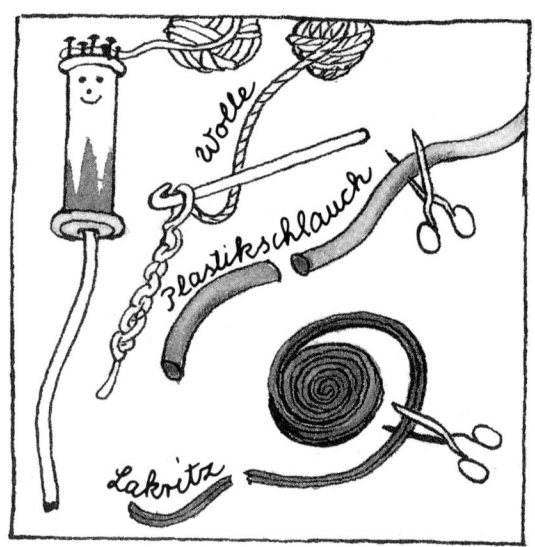

Ich kann fliegen

Mit dem Herumflattern im Nest wird sich das Vogelbaby nicht allzulange zufriedengeben. Bald wird es die ersten Flugversuche unternehmen, und die Eltern müssen aufpassen, daß es nicht aus dem Nest fällt.

Die erste Flugstunde ist ein aufregender Augenblick im Leben eines kleinen Vogels. Die Eltern werden ihrem Kind zeigen, wie man flattert, vom Baum abhebt, segelt und wieder landet. Auch das Kurvenfliegen muß gelernt werden, ebenso das Ausweichen, wenn andere Vögel vorbeifliegen. Aus diesen Flugstunden kann ein schönes Spiel entstehen. Die Eltern machen alles vor, und das Vogelbaby ahmt es auf seine Weise nach.

Bei dem Lied „Immer wenn ein Vogelbaby größer wird" muß sich der kleine Vogel daran gewöhnen, immer weiter von seinen Eltern fortzufliegen, allein nach Hause zu finden und so allmählich selbständig zu werden.

Wenn das Vogelkind alles gelernt hat, was seine Eltern ihm zeigen konnten, wird es sich eines Tages verabschieden, um allein fortzufliegen. Dieser Abschied bekümmert die Vögel aber nicht allzusehr, denn sie wissen, daß das Vogelkind bald selbst eine neue Familie gründen wird.

Und dann beginnt alles wieder von vorn: Das Hochzeitmachen, das Brüten und Aus-dem-Ei-Schlüpfen, das Füttern und schließlich das Flüggewerden und Davonfliegen.

So ein Baum, der ist 'ne Wucht

Kinder klettern gern auf Bäume, und auch Vögel suchen sich dort ihren Lieblingsplatz. Es gibt aber einen großen Unterschied:

Kinder müssen aufpassen, daß sie nicht vom Baum herunterfallen, während die Vögel einfach mit ihren Flügeln davonfliegen können.

Der Baum für die Vogelfamilie muß deshalb besonders stabil sein, damit jedes Kind ohne Gefahr hinauf und wieder hinunter kommt. Ein mit echten Blättern geschmückter Stuhl ist zum Beispiel ein prächtiger Baum. Er bietet auch Platz für ein kleines Vogelnest. Größere Nester baut man besser auf einem Tisch.

An den Tischbeinen kann man große Zweige befestigen.

Wer noch höher hinaus will, nimmt eine Trittleiter. Doch muß diese sicher und fest auf dem Boden stehen. Ein Baum kann auch aus Karton gebastelt werden. Die Blätter werden aus Papier ausgeschnitten oder gerissen und aufgeklebt. Wenn die Kinder einen blühenden Baum wollen, dann können sie ihn mit vielen kleinen Blüten aus Papier schmücken.

Wenn es Nacht wird

Viele Tage und Nächte verbringen die Eltern mit ihrem Vogelbaby. Wenigstens eine dieser Nächte wollen Kinder sicher auch spielen, denn am Abend wird es im Nest erst so richtig gemütlich.

Die Vogelmama wird ihrem Kind ein Schlaflied singen und von Sonne, Mond und Sternen erzählen. Dazu sollte das Licht im Raum ein wenig schummrig sein.

Um auch im Spiel Tag und Nacht zu unterscheiden, braucht man eine Sonne, einen Mond und Sterne, die von den Kindern aus Karton gebastelt werden können.

Damit Sonne und Mond auf- und untergehen können, hängt man sie an einer Schnur auf und bewegt sie über einen Haken oder eine Wäscheleine.

Vielleicht wollen die Kinder Sonne, Mond und Sterne spielen. Dann brauchen sie sich nur glitzernde Sternenkronen zu basteln. Auch Sonne und Mond werden einfach auf je eine Krone aufgeklebt. Wenn die Sternenkinder lange, dunkelblaue Gewänder tragen, sieht dies sehr stimmungsvoll aus.

Wir singen und spielen für euch

Wer die Vogelhochzeit vor einem Publikum aufführen will, hat allerlei zu bedenken. Spielen viele Kinder mit, kann man sie wie folgt aufteilen:

1. Eine Gruppe spielender Kinder, die sich als Vögel verkleiden.

2. Eine Gruppe singender Kinder, die nicht verkleidet sind oder sich nur mit ein paar Federn schmücken. Sie sollten nämlich nicht zu sehr von den verkleideten Vögeln ablenken.

3. Die Gruppe der Musikanten.

Alle drei Gruppen brauchen ihren Platz und sollen vom Publikum gesehen oder gehört werden.

Die spielenden Vogelkinder müssen gut zu sehen sein, deshalb sollten die Sänger und Musikanten etwas in den Hintergrund treten. Wenn ein Chor mitwirkt, kann er sich an der Seite der Bühne aufstellen, und zwar so, daß die Solisten – das sind Vogelvater, Vogelmutter, Vogelbaby und Erzähler – am vorderen Bühnenrand spielen können. Spielt auch ein kleines Orchester mit, steht dieses am besten direkt bei den Sängern.

Ist das Orchester größer, muß es vielleicht auf der anderen Bühnenseite plaziert werden. Das bringt leider Schwierigkeiten im Zusammenspiel mit den Sängern mit sich. Dieses Problem könnte man jedoch mit einem Dirigenten lösen. Es empfielt sich daher, das Orchester klein zu halten.

Die Vogelfamilie braucht viel Platz zum Fliegen und Tanzen, darum darf die Bühne nicht zu klein sein. Wenn der Platz ausreicht, können beim Hochzeitstanz auch noch andere Tiere als Gäste hinzukommen. So können viele Kinder mitspielen.

Je größer die Aufführung wird, desto wichtiger ist es, daß der Gesang deutlich zu verstehen und die Musik gut zu hören ist. Auch stimmungsvolles Licht sollte nicht fehlen.

Ist ein sehr großes Publikum eingeladen, sollten die Solisten über Mikrofone singen. Oder es müssen für jede Rolle zwei oder drei Kinder gleichzeitig singen, um den Klang zu verstärken.

Effektvolle Beleuchtung ist bei einer großen Aufführung sehr wichtig. Die bunten Vogelkostüme kommen bei gutem Licht viel besser zur Geltung. Die Abendstimmung des Liedes „Sieh nur die Sterne" lebt ganz und gar von der passenden Schummerbeleuchtung.

Bei der Dekoration muß man immer an die Zuschauer in den hinteren Reihen denken. Von dort kommt zuerst Unruhe, wenn das Nest oder das Ei nicht zu sehen sind. Auch der Baum, die Würmer oder andere Requisiten müssen der Größe des Raumes und Publikums angepaßt werden und eine entsprechende Übergröße haben.

Eine schwierige Sache ist das Eierlegen: Wie kommt das Ei auf die Bühne? Wenn die Bühne einen Vorhang hat, sollte sich dieser im letzten Drittel des Liedes „Du und ich" schließen.

Das Vogelpärchen feiert dann seine Hochzeitsnacht unter Ausschluß der Öffentlichkeit. Wenn der Erzähler nach dem Lied seinen Text spricht („So kam es…"), wird der Vorhang wieder geöffnet. Das Ei ist da und kann bewundert werden. Hat die Bühne keinen Vorhang, könnten zum Beispiel andere Vögel das Publikum ablenken oder das Hochzeitspaar so lange verdecken, bis das Ei herangeschafft wurde.

Eine weitere Möglichkeit ist, das Ei schon zu Beginn der Aufführung auf der Bühne zu haben, allerdings raffiniert getarnt mit Blättern oder Heu. Dann können die Vogeleltern nach dem Lied „Du und ich" das Ei hinter ihrem Rücken behutsam „freilegen".

Noch ein wichtiger Tip für die Zuschauer: Die besten Plätze in den vorderen Reihen gehören den Kindern! Es ist erstaunlich, wie oft sich Erwachsene ungeniert vor die Kinder setzen und ihnen so jede Sicht nehmen. In diesem Fall muß sich ein Platzanweiser um die richtige Sitzordnung kümmern.

Wir laden alle ein

Ob nun viele Gäste oder wenige als
Zuschauer geladen sind, ganz sicher
werden sich alle über ein selbstgebasteltes Plakat, das die „Vogelhochzeit"
ankündigt, sehr freuen.
Wenn viele Kinder mitmachen, können
auch mehrere Plakate bemalt oder
beklebt und gestaltet werden.
Das Plakat kann eine Szene aus dem
Spiel zeigen oder auch den bunten
Baum mit dem Vogelnest. Man kann
viele verschiedene Vögel darauf malen,
oder man zeichnet nur zwei Vögel und
beklebt sie mit bunten Stoffstreifen.
Die Kinder werden sicherlich noch ganz
andere Ideen für ihr Plakat haben.
Wichtig ist natürlich, daß auf dem Plakat
auch der Tag, die Uhrzeit und der Ort
der Veranstaltung stehen. Vielleicht auch
ein Eintrittspreis.
Am besten macht man zuerst einen Ent-
wurf auf ein kleineres Blatt Papier und
überträgt dann die genaue Aufteilung
auf das große Plakat.
Dicke Filzstifte oder Pinsel und Plaka-
farben eignen sich ganz ausgezeichnet
dazu, um große Plakate anzumalen.
Wer Lust hat, kann auch Eintrittskarten
basteln. Jede Karte könnte zum Beispiel
ein Bild aus der Geschichte der Vogelhochzeit zeigen, das die Gäste bestimmt
als Erinnerung an die gelungene und
schöne Aufführung aufbewahren werden.
Oder man schneidet Schmetterlinge
oder Vögel aus, die man mit einem Band
ins Knopfloch hängen kann.

So kommen die Gäste in Stimmung

Wenn die Vögel Hochzeit machen, sind ringsumher die Bäume grün, die Frühlingsblumen blühen, die Schmetterlinge flattern in der milden Luft, und die Bienen summen.

Diese Stimmung in der Natur sollte man aufgreifen, wenn die „Vogelhochzeit" aufgeführt wird. Besonders schön wäre es, wenn die Geschichte im Freien, im Garten, auf einer Wiese oder in einem Park, gespielt werden kann. Dann ist die Natur die schönste Kulisse dazu. Passender kann es gar nicht sein.

Aber auch im Zimmer oder in einem großen Saal kann man diese Frühlingsstimmung herbeizaubern – mit bunten Blumen, Vögeln, Schmetterlingen. Alles kann aus Karton gebastelt werden. Die kleineren Kinder malen am liebsten mit Fingerfarben Blumen und Schmetterlinge ans Fenster.

Eine andere Idee ist es, bunte Vögel aus Karton an durchsichtigen Fäden an der Decke zu befestigen oder an den Wänden große, selbstgemalte Poster aufzuhängen. Ein so geschmückter Raum wird die Zuschauer in die richtige Stimmung bringen. Und wie wäre es, wenn die Gäste einen Federschmuck in die Haare gesteckt bekommen?

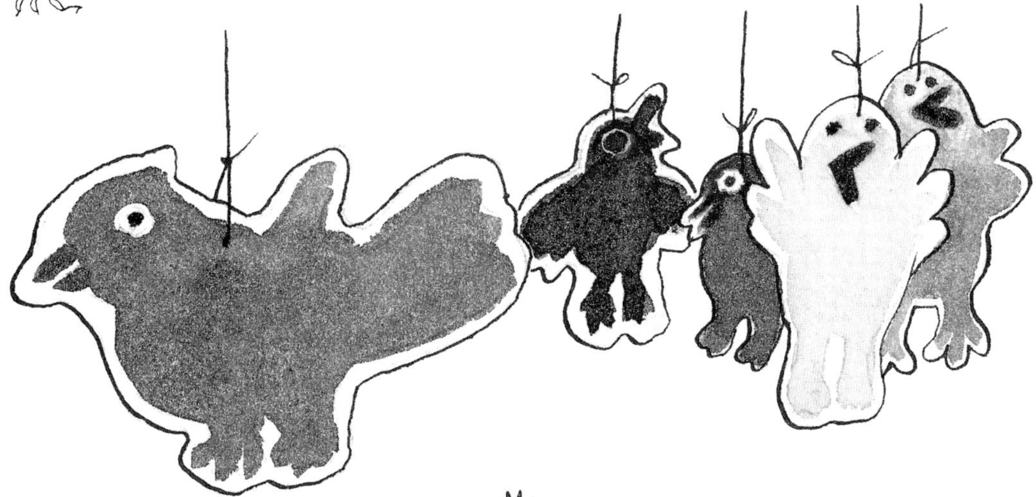

Als besondere Überraschung kann man an die Zuschauer zur Begrüßung „Vogelfutter" austeilen; zum Beispiel Erdnüsse oder Popcorn.

Als Platzanweiser machen sich Vogelscheuchen besonders gut. Natürlich müssen sie getarnt werden, bevor die Vogelhochzeit beginnt. Die Rolle der Vogelscheuchen können Erwachsene übernehmen. Dann wird natürlich auch die Begrüßungsansprache von einer Vogelscheuche gehalten!

Eine Stimmung ganz anderer Art erzeugen Geräusche: Viele Kinder stimmen mit Wasser- oder Vogelpfeifen ein herrliches Gezwitscher an. Pfeifen dieser Art kann man in Spielwarenläden oder im Musikalienhandel kaufen.

Es gibt auch stimmungsvolle Musik auf Platten oder Kassetten, zum Beispiel „Et les oiseaux chantaient" von der Gruppe Sweet People. Es ist eine sanfte Musik, bei der im Hintergrund eine ganze Vogelschar ihr fröhliches Lied trillert.

Wer macht mit beim Vogeltanz?

Bei „Vögelein, Vögelein, tanz mit mir" zuckt es jedem Vogel in den Beinen. Wer die Liedkassette besitzt (siehe letzte Seite des Buches), kann die unterschiedlichen Rhythmen in die Tanzform übertragen. Es gibt einen Stampf- und einen Hüpfrhythmus, der sich mit leichten Zwischenteilen ablöst. Das kann so getanzt werden: Sechs schwere Taktschläge werden mit dem Fuß gestampft, darauf folgen drei Hüpfer, bei denen die Zuschauer mitklatschen.

Die Tanzbewegung kann abwechselnd vorwärts, rückwärts oder im Kreis herum sein. Je mehr Vögel mittanzen wollen, desto genauer muß man die Aufteilung der gesamten Tanzfläche überlegen. Die Kinder können sich auch selbst ausdenken, wie sie zu dem gesungenen Lied tanzen wollen. Werden die Vögel aufgeregt flattern oder mit schweren Flügelschlägen auf und ab schwingen, lustig hintereinander herwatscheln oder sich mit kleinen Trippelschrittchen anmutig vorwärtsbewegen?

Ist die Tanzgruppe sehr groß, dann ist es am besten, wenn alle in einem großen Kreis tanzen. Wenn außerdem nach der Musikkassette getanzt wird, könnte man bei den betonten Taktschlägen auf der Stelle stampfen und bei dem leichteren Zwischenteil zur Mitte des Kreises und wieder zurück gehen.

Alle Tanzenden fassen sich dabei an den Händen und bilden einen Kreis. An bestimmten Stellen des Tanzes könnten alle stehenbleiben und zum Rhythmus klatschen.

Der Vogeltanz bietet viele Spielmöglichkeiten, und die Kinder können selbst ausprobieren, was ihnen am besten gefällt. Sicher wird sie die Musik zu immer neuen Tänzen anregen.

Es macht den Kindern besonderen Spaß, beim Vogeltanz die „Flügel" einzusetzen. Sie breiten dabei ihre Arme weit aus und bewegen diese im Rhythmus der Musik auf und ab. Meist tanzen die Kinder dann auf Zehenspitzen, als würden sie gleich vom Boden abheben und wirklich fliegen.

Ab in die Vogeldisco!

Welcher Vogel bist du?

So wie kein Mensch dem anderen gleicht, gleicht auch kein Vogel dem anderen. Selbst unter den Spatzen gibt es tausend Unterschiede, wenn man sie nur einmal genau betrachtet. Wie groß ist dann erst der Unterschied zwischen einem Spatz und einem Adler!

Es macht den Kindern großen Spaß, sich in einen Vogel zu verwandeln und dessen Flugbewegungen und Geräusche nachzuahmen. Unendlich sind die Spielmöglichkeiten:

Man kann wie eine Möwe gleiten, wie ein Adler schweben, wie eine Schwalbe segeln, wie ein Kolibri schwirren, wie ein Rebhuhn flattern, wie ein Hahn stolzieren oder wie ein Pinguin watscheln. Die beiden Lieder „Hoch in der Luft" und „Immer wenn ein Vogelbaby größer wird" eignen sich besonders gut für dieses Bewegungsspiel. Auch das Lied „Vögelein, Vögelein, tanz mit mir" erhält durch verschiedene Vogeltänze eine ganz unterschiedliche Tanzform. Entsprechend unterschiedlich werden dann auch die Lieder gesungen: mal ruhig, mal aufgeregt, mal komisch-lustig, mal majestätisch-getragen.

Aus so einem Vogeltanz kann ein richtiger Pantomimetanz werden. Eine Verkleidung ist gar nicht notwendig. Es ist ein lustiges Spiel, das alle Kinder in beste Vogeltanzlaune versetzen wird. Dieses Spiel könnte auch Einstieg in die Vorbereitungen zur „Vogelhochzeit" sein.

Kikerikiih !!

Wir stellen alles in den Schatten

Ein Schattenspiel ist für Kinder etwas
sehr Spannendes: Bunte Gegenstände
verwandeln sich in schwarze Bilder, die
Schatten können ineinanderfließen.
Man erkennt nicht mehr, ob die Spieler
lachen und wohin sie schauen.
Der Zuschauer sieht nur die Bewegung,
die Silhouette, das Profil.
Man braucht nicht viel für ein Schatten-
theater. Am einfachsten geht es mit
einer Wäscheleine, einem Leintuch und
ein paar Klammern. Als Lichtquelle dient
eine starke Schreibtischlampe, noch
besser ist ein Diaprojektor. Die Lichtquelle sollte etwa 4 – 6 Meter von der
Leinwand entfernt aufgebaut werden.
Das hängt jedoch davon ab, wie groß
das Tuch ist, denn es sollte von oben
bis unten gut ausgeleuchtet werden.
Bevor sie mit dem Schattenspiel
beginnen, probieren die Kinder die
verschiedenen Spielmöglichkeiten aus:
Welche Kulissen passen am besten?
Wie wirkt die Verkleidung?
Sieht man Schnäbel und Flügel gut?
Wie langsam müssen sich die Spieler
hinter der Leinwand bewegen, damit der
Zuschauer das Spiel verstehen kann?
Welche Szenenbilder eignen sich
besonders?
Diese Experimente mit dem Schatten
machen den Kindern großen Spaß. Sie
werden vieles ausprobieren wollen und
die besten Ideen dann für das Spiel
auswählen.

Huch !!

Das Vogelorchester spielt mit

Besonders schön klingt es, wenn die Lieder mit einem Instrument begleitet werden, zum Beispiel mit einer Gitarre oder einem Akkordeon.

Für Klavierspieler gibt es zusätzlich eine Notenausgabe aller Lieder (siehe letzte Seite des Buches).

Alle Melodien können auch mit einer Flöte, einer Melodika oder einem Keyboard gespielt werden.

Wer Spaß am Musikmachen hat, der kann noch andere Rhythmusinstrumente oder selbstgebastelte Klanginstrumente einsetzen. So zum Beispiel bei dem Lied „Tick, tick, tick" Klangstäbe aus Holz oder bei bei dem Lied „Sieh nur die Sterne" die „Klingenden Nägel". Diese haben einen schönen, zarten Klang, wenn man sie nur leicht mit den Fingern streift.

Klingende Nägel:
An ein Rundholz werden lange Zimmermanns-nägel gebunden.

Rundhölzer zum Aneinanderschlagen, mit Bändern verziert.

Für die Aufführung oder zum Üben gibt es auch eine Sonderkassette von Rolfs Vogelhochzeit: „Sing mit uns". Auf der A-Seite der Kassette sind alle Lieder gesungen und gespielt, auf der B-Seite sind nur die Instrumente zu hören, also Playbacks ohne Gesang.

Diese Kassette kann man direkt bei Rolf Zuckowski bestellen (Postfach 55 10 30, 2000 Hamburg 55).

Alles im Griff

 C   G7   F

Ein Vogel wollte Hochzeit machen

 C    G7

Hoch in der Luft

 F   C    Bb

Guten Tag, guten Tag

 C   Bb   F

Vögelein, Vögelein, tanz mit mir

 G   D   A7

Du und ich

 F   C    G7

Immer nur brüten

 C   F   G7

Tick, tick, tick

 G   D7   A7   D

Hallo Mama! Hallo Papa!

 D   A

Ein Vogelbaby wird niemals satt

 C   F   Dm   G7   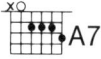 A7    Fj7

Sieh nur die Sterne

 D   G   A   E

Immer wenn ein Vogelbaby größer wird

Von Rolf Zuckowski sind folgende Schallplatten, Musikkassetten und Notenbücher erschienen:

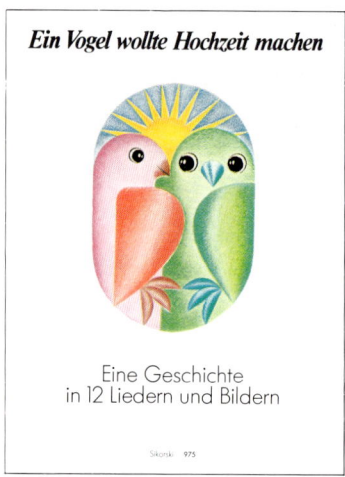

Die Lieder der „Vogelhochzeit" sind auf dieser Schallplatte zu hören:

Wer die Lieder der „Vogelhochzeit" mit Klavier oder Gitarre begleiten möchte, hat diese Notenausgabe zur Verfügung:

Schallplatten und Musikkassetten

Rolfs Vogelhochzeit
Fontana (phonogram) 6434 319 LP / 7240 587 MC

Rolfs Schulweg-Hitparade
Polydor 2437 752 LP / 3158 185 MC

Rolfs Radio Lollipop
Polydor 2372 068 LP / 3151 068 MC

Lieder, die wie Brücken sind
Mit „...und ganz doll mich"
Polydor 2372 119 LP / 3151 119 MC

Was Spaß macht...
Polydor 815 914-1 LP / 815 914-4 MC

Frag' mir doch kein Loch in'n Bauch
Polydor 829 455-1 LP / 829 455-4 MC

Wir warten auf Weihnachten
Polydor 2372 168 LP / 3151 168 MC / CD

Winterkinder
...auf der Suche nach Weihnachten
Polydor 833 739-1-2-4 LP / MC / CD

Zeit für Kinder – Zeit für uns
Polydor 827 696-1 LP / 827 696-4 MC

Notenausgaben

Rolfs Kinderliederbuch
(Edition Sikorski 994)
Melodie, Akkorde, Gitarrengriffe

Frag' mir doch kein Loch in'n Bauch
(Edition Sikorski 1133)

Rolfs Flötenbüchlein
(Edition Sikorski 1287) Melodie,
2 C-Flöten, Gitarren-Akkorde, Glockenspiel

Wir warten auf Weihnachten
(Edition Sikorski 1269)
Melodie, Akkorde, Gitarrengriffe

Rolfs Schulweg-Hitparade
(Edition Sikorski 995)
Melodie, Akkorde, Gitarrenschlagweise, Bass

Ein Vogel wollte Hochzeit machen
(Edition Sikorski 975)
Klavierstimme und Gitarrengriffe

Kerlchens Liederbuch
(Edition Sikorski 974)
Klavierstimme und Gitarrengriffe